EVA HAAK

WIE DU BEIM YOGA **GESUND** BLEIBST

KATA STROPHEN YOGA

KUNSTMANN

YOGA IST EINE LEIDENSCHAFT …

DIE IDEE ZU DIESEM BUCH entstand schon während meiner Ausbildung zur Yogalehrerin bei Anna Trökes. Die Seminare in der Prana-Yoga-Schule in Berlin bei ihr und die Kurse bei Doris Echlin und Dr. Günter Niessen öffneten mir die Augen dafür, dass manche Yoga-Asanas körperlich äußerst riskant sein können: wenn zum Beispiel die Muskulatur noch nicht stark genug, die Dehnfähigkeit nicht vorhanden oder die Wirbelsäule bereits vorgeschädigt ist. Und manche dieser Risiko-Asanas sind Haltungen, die überhaupt nicht nach Akrobatik aussehen.

Inzwischen ist mir das Wissen über wichtige anatomische Grundlagen so geläufig, dass ich mich oft wundere, wenn ich Absolvent(inn)en anderer Yogaschulen erlebe. Im Urlaub und auch in der Nähe meines Wohnortes besuche ich gerne verschiedene Yogaklassen – und bin immer wieder erstaunt, was dort oft selbst Ungeübten zugemutet wird. Meist bin ich dann die Einzige, die sich traut, nicht alles mitzumachen und freundlich Nein zu sagen, wenn man mich in eine Haltung hineinschieben will.

Als vor einigen Jahren eine meiner Verwandten als begeisterte Neu-Yoga-Übende nach etwa einem Jahr Yoga einen Bandscheibenvorfall in der Halswirbelsäule erlitt – »Den Pflug habe ich aber doch so gerne gemacht!« –, gab mir das den letzten Anstoß zu diesem Buch. Mein Wunsch ist es, dass sich verantwortungsvolles Üben in allen Yogaschulen durchsetzt.

Ich bin ausgebildete Illustratorin und Grafikdesignerin und so konnte ich mein Anliegen nicht nur in Worte, sondern auch in Bilder fassen. Und zwar im ersten Teil des Buches in Form von Cartoons: Hier erwartet dich eine Einladung zum KATASTROPHEN-YOGA.

... ABER BITTE OHNE DASS SIE LEIDEN SCHAFFT

KATASTROPHEN-YOGA ist genau die Art Yoga, wie man sie nicht machen sollte. Also: Die Anleitungen zum KATASTROPHEN-YOGA sind selbstverständlich keinesfalls ernst gemeint. Denn wer sie befolgt, kommt vielleicht schneller in einen besonderen Zustand der Erleuchtung, als ihm lieb ist: nämlich den der »Durchleuchtung«, beim Röntgen oder bei der Magnetresonanztomographie (besser bekannt als MRT).

Und das ist nicht nur spaßig gemeint. Denn ich kenne inzwischen einige Yoga-Begeisterte, die mit fleißigem Üben ihren Körper nicht nur gekräftigt, sondern auch mehr oder minder beschädigt haben. Ich gehöre selbst dazu. Zuerst kam ich gar nicht auf die Idee, dass mein Problem durch Yoga entstanden sein könnte. Wer will das schon gerne wahrhaben? Auf den Rat einer Physiotherapeutin hin ließ ich eine bestimmte Übung weg – und wurde wieder gesund.

Damit du beim Yoga gesund bleibst, vermittelt der zweite Teil dieses Buches ein paar anatomische Grundlagen und Tipps für verträgliches Hatha-Yoga, wenn auch in aller Kürze. Diese Seiten sollen vor allem auch als Ermutigung dienen, die eigene Yogalehrerin oder den Yogalehrer genauer zu befragen – und anspruchsvoll zu sein, wenn es um das eigene Wohlergehen geht. Nur individuell angepasstes Yoga tut auf Dauer gut.

Wer seine Art Yoga gefunden hat (und immer wieder neu findet, denn wir verändern uns ja ständig), wird die Wirkungen auf Körper und Geist sehr genießen. Und immer weiter voller Leidenschaft üben. Mit Herz und Verstand, voller Liebe für den eigenen Körper – und ohne Katastrophen-Yoga-Erlebnisse in der Folge.

Viel Freude dabei wünscht von ganzem Herzen
Eva Haak

KATA STROPHEN YOGA

- Du liebst die sportliche Herausforderung?
- Du magst weder Gesundheitsapostel noch das Gerede über Risiken und Nebenwirkungen?
- Du bist scharf auf deinen ersten Bandscheibenvorfall – egal wie, Hauptsache bald?
- Du willst wie jeder anständige Profi endlich eine eigene Meniskus-Story?
- Und du weißt: Echtes Training erfordert Opfer?

WILLKOMMEN IM KATASTROPHEN-YOGA!

DIE ULTIMATIVEN TIPPS FÜR EFFEKTIVES KATA-YOGA

DEIN LEBEN verläuft in viel zu ruhigen Bahnen? Du hättest wirklich mal Lust auf ein paar kleine Kicks und ein bisschen Abwechslung? Wie wäre es zum Beispiel mit einem völligen Taubheitsgefühl in beiden Händen? Oder hättest du lieber Rückenschmerzen, sodass du kaum noch kriechen, geschweige denn laufen kannst?

Dein Urlaub am Meer fällt aus, du verbringst ihn lieber auf dem OP-Tisch und in der Reha-Klinik? Wochenlange Fehlzeiten im Büro – dein Chef dreht durch und du wirst gefeuert? Wäre das aufregend genug?

Mit Fleißig-Yoga-Üben kriegt man das hin. Und zwar mit ganz normalen Übungen aus dem Hatha-Yoga: Du musst sie nur ausdauernd in Form von KATASTROPHEN-YOGA machen.

Auf den nächsten Seiten dieses Handbuchs bekommst du dafür die ultimative Anleitung.

Besonders wichtig sind die Tipps in den farbig unterlegten Kästen unter der Überschrift DER SCHNELLSTE WEG ZUR DURCHLEUCHTUNG. Die dort aufgeführten Hinweise werden dir bei genauer Beachtung helfen, so schnell wie möglich in das Vorgefühl der Erleuchtung zu kommen.

DER SCHNELLSTE WEG ZUR KRANKENSCHEINHEILIGKEIT

KATA-YOGA vereint ausgewählte Asanas des Hatha-Yoga, die dich besonders effektiv über die Grenzen deiner körperlichen (Un-)Fähigkeiten tragen können.

Anfänger üben lange völlig schmerzfrei, einzig AUSDAUER ist gefragt. Geübte gehen dann mit voller KONZENTRATION durch den Schmerz. ACHTSAMKEIT und ein wacher Geist helfen dir dabei, ganz bewusst im Hier und Jetzt in die wirksamste KATA-YOGA-Haltung zu kommen.

Schon bald wirst du in Gesprächen über bewegende Yoga-Erlebnisse nicht mehr ohne eigenen Beitrag danebenstehen, sondern ganz beiläufig den letzten Vorfall in deiner Halswirbelsäule erwähnen können: »Ja, klar, das war jetzt schon der dritte Prolaps* in zwei Jahren!«

Du wirst anerkennende Blicke ernten. Natürlich nicht von den ewig ängstlichen Risiko-Vermeidern und Warmduschern im Publikum. (Diese Sorte Möchtegern-Yogis kann übrigens gleich zum zweiten Teil dieses Handbuchs übergehen.)

Im Folgenden findest du die wichtigsten KATA-YOGA-Haltungen, die dich bei regelmäßigem Üben bald zum Erfolg und zum Orthopäden führen werden.

* Fortgeschrittenen ist dieser Fachbegriff für Bandscheibenvorfall geläufig.

KATAUTTAN ASANA

Die Vorbeuge aus dem Stand wirkt garantiert

AUF DEN UNTEREN RÜCKEN

(Lendenwirbelsäule und Übergang zum Kreuzbein, sehr gute Wirkung auf L4–L5* und L5–S1*).

* Falls dir diese Fachbegriffe bisher unbekannt sein sollten, so wird dein Hausarzt oder Orthopäde dich bei ausdauerndem Üben schon bald mit ihnen bekannt machen: »L« steht für »Lumbal« wie Lende und »S« für »Os Sacrum«, das Kreuzbein.

Huhu!
Aufhören!
Bitte!

Geht doch!

Wer sagt's denn.

Man muss nur wollen.

KATAUTTAN ASANA

Tipps für Risiko-Vermeider und Warmduscher Seite 64

Dieses Asana will dich eine uralte Weisheit spüren lassen: Vorbeugen ist besser als Heilen! Denn diese KATA-Vorbeugen haben, oft und lange ausgeführt, eine wesentlich stärkere Wirkung als schnödes Heilen. Sie bringen dich sicher auf den Weg intensiver ganzheitlicher Entwicklung und werden schließlich dein Leben komplett ändern.

Wage eine neue Erfahrung des Daseins im Stufenbett!

DER SCHNELLSTE WEG ZUR DURCHLEUCHTUNG:

- Niemals die Rückseiten der Beine vordehnen.
- Mit aller Kraft versuchen, die Hände auf den Boden zu bringen.
- Auf keinen Fall die Knie beugen.
- Die beste Wirkung hat das Asana bei Büroangestellten mit langer beruflicher Praxis und zarten Rückenmuskeln, besonders morgens direkt nach dem Aufstehen.

KATASURYA NAMASKAR

Der Sonnengruß
mit dem »Durchtauchen in die Bauchlage«
wirkt garantiert
AUF DIE SCHULTERN
(mit etwas Geschick auch auf die Handgelenke).

STOP

Ich…

…schaff…

…das.

Ich bin STARK. Ich bin stark. Ich bin stark.

KATASURYA NAMASKAR

Tipps für Risiko-Vermeider und Warmduscher Seite 66

Der berühmte Sonnengruß bietet einige Chancen für bahnbrechende KATA-Erfahrungen. Starte gleich am Morgen mit Feuer und Flamme, ohne andere Vorübungen. Erlebe, wie beim »Durchtauchen« die alles durchdringenden Kräfte der Sonnengottheit Surya auch in deinem Körper auserwählte Muskelstränge wahrhaft entzünden werden.

Übe täglich mit Leidenschaft,
auf dass Leiden ganz neue Erfahrungen schafft!

DER SCHNELLSTE WEG ZUR DURCHLEUCHTUNG:

- Lass Bizeps und Trizeps jeden Morgen im spitzen Winkel des tiefen Liegestütz gegen die Gravitation kämpfen.
- Schiebe dabei den Oberkörper weit vor die Hände.
- Auf keinen Fall die Knie auf den Boden abstützen.
- Rücken und Bauch ganz locker lassen.

KATAHAL ASANA

Der Pflug wirkt garantiert

AUF DIE HALSWIRBELSÄULE

(und damit auch auf die Arme und Hände).

Au weia.

Ganz locker bleiben.
Geht sowas von easy.
Ich liebe es.

KATAHAL ASANA

Tipps für Risiko-Vermeider und Warmduscher Seite 68

Der Name dieser Übung heißt übersetzt »Der Pflug« – und sie wird dein Leben wahrlich umpflügen. Wenn du sie achtsam und regelmäßig übst, kann sie dir zu einer lang ersehnten Arbeitspause verhelfen und dich in bisher gänzlich unbekannte wunderschöne Kurkliniken führen.

Erobere mit KATA-YOGA ganz neue Räume!

DER SCHNELLSTE WEG ZUR DURCHLEUCHTUNG:

- Die Beine immer voller Schwung nach hinten bringen.
- Wie der Name Halasana schon andeutet: den Hals gut abknicken.
- Lass den Druck des Pflügens auf deine kleinen naiven Halswirbel so intensiv wie möglich sein.
- Pflügen sei dein täglich Brot: Gib es dir.
- Freue dich darauf, dass einige deiner Finger bald den friedvollen Zustand von Taubheit erlangen werden.

KATAKUNDALINI FRÖSCHE

Die Tiefkniebeugen wirken garantiert **AUF DIE KNIEGELENKE UND DEN UNTEREN RÜCKEN.**

Gib einfach nach.
Lass es zu.
Platz.
Peng.
Ganz ruhig bleiben.

KATAKUNDALINI FRÖSCHE

Tipps für Risiko-Vermeider und Warmduscher Seite 70

Diese Übung bringt dir das Auf und Ab des Lebens mit all seinen aufreibenden Wirkungen spürbar nahe. Nicht nur Fußballer dürfen durch die bewusstseinserweiternde Erfahrung eines Meniskus-Risses gehen. Das Kniegelenk kapituliert mit der Zeit auch vor dem unbeugsamen Willen desjenigen, der ausdauernd im KATA-YOGA sein Bestes* gibt.

* Gib dein Bestes – auch deine sowieso vergängliche Gesundheit.

DER SCHNELLSTE WEG ZUR DURCHLEUCHTUNG:

- Unbedingt zuerst die Großzehen zueinander-, die Fersen auseinanderführen.
- Strecke die Beine fest durch und drehe dabei die Knie zueinander.
- Übe am besten 108-mal hintereinander.

KATAPASCHIMOTTANASANA

Die sitzende Vorbeuge wirkt garantiert

AUF DEN UNTEREN RÜCKEN

(auf die Lendenwirbelsäule und den Übergang zum Kreuzbein, besonders gut auf L5–S1*).

* »L« steht hier für »Lendenwirbel« und »S« für »Sacrum«, was so viel wie Heiligtum bedeutet. Mach dir bewusst, dass »heilig« nicht unbedingt »heil bleiben« heißen muss.

Und noch ein bisschen...
Jetzt haben wir es gleich...
Und lächeln.

KATAPASCHIMOTTANASANA

Tipps für Risiko-Vermeider und Warmduscher Seite 72

Der Name dieses Asana heißt frei übersetzt:
die Rückseite des Körpers auf die Folter spannen oder auch die Geduld der Bandscheiben maximal ausdehnen. Die alten Yogis ersannen wahrhaft spannende Übungen, die bis in die heutige Zeit unsere Limits sprengen können. Lass dich durch die Grenzen deines Körpers nicht in deiner Entwicklung hemmen – überwinde sie.

Lass dich ein auf die Reise zu neuen Ufern!

DER SCHNELLSTE WEG ZUR DURCHLEUCHTUNG:

- Das Oberteil des Beckens schön nach hinten fallen lassen.
- Niemals die Rückseiten der Beine vordehnen.
- Achtsam, aber willensstark versuchen, den Kopf auf die Knie zu bringen. Am besten drückt dir jemand dazu deinen Oberkörper nach unten.
- Keinesfalls mit geradem Rücken vorbeugen.

KATASHALAMBA SHARVANGASANA

Der gestützte Schulterstand wirkt garantiert

AUF DIE HALSWIRBELSÄULE

(und damit auf die Arme und Hände) und

AUF DIE AUGEN.

Bitte nicht!

Aber HALLO.
Wahnsinn.
Ich glaub's nicht.
Geht alles.

KATASHALAMBA SHARVANGASANA

Tipps für Risiko-Vermeider und Warmduscher Seite 74

Dieses Asana wird zu einer wahren Umkehr in deinem Leben und zu innerer Einkehr führen. Alle Teile deines Körpers (denn das ist die Bedeutung von »sharva anga«) werden geläutert. Besonders diejenigen Wirbel, die sonst immer ganz obenauf sind, werden zu tiefem Mitgefühl mit den meist alle Last tragenden Füßen bekehrt. Das sogenannte HWS (Halswirbelsyndrom) begünstigt das baldige Erleben wahrer Demut.

Mit der KATA-Umkehr zur ruhigen Einkehr in der Reha-Kur!

DER SCHNELLSTE WEG ZUR DURCHLEUCHTUNG:

- Gehe voller Schwung in diese Haltung.
- Knicke deinen Kopf immer streng im rechten Winkel ab.
- Lass deine Halswirbel möglichst lange in diese eindrucksvolle Erfahrung gehen.
- Falls du zu grauen, grünen oder anderen Star-Allüren neigst, wirst du die Welt bald mit ganz anderen Augen sehen.

KATASHIRSH ASANA

Der Kopfstand wirkt garantiert
AUF DIE HALSWIRBELSÄULE.*

* Kata-Shirshasana hat als »Königsasana« verstärkende Wirkung auf vieles mehr, wie zum Beispiel auf Tinnitus, Zahn- und Kopfschmerzen, Embolien, Migräne, Rundrücken, Schwindelanfälle, Blutdruckprobleme, Endometriose, Steißlagen und Schleudertraumata. Kurz: Es lohnt sich.

Irgendwie gut.
Gibt Schlimmeres.
Ich bin ganz ruhig.

KATASHIRSH ASANA

Tipps für Risiko-Vermeider und Warmduscher Seite 76

KATA-Shirshasana kann deinen Alltag nachhaltig auf den Kopf stellen – besonders dann, wenn du Schultergürtel und Arme immer geschont hast. Denn mit kräftigen Muskeln würdest du im Laufe deiner derzeitigen Inkarnation wahrscheinlich nicht mehr in den Genuss berichtenswerter (Bandscheiben-)Vorfälle kommen.

KATA-YOGA garantiert:
Starke Wirkung trotz schwachem Körper!

DER SCHNELLSTE WEG ZUR DURCHLEUCHTUNG:

- Schwinge deine Beine immer kräftig nach oben, gerne in helfende Hände, die dich dann lange festhalten.
- Lass den Druck auf Kopf und Hals möglichst stark werden.
- Richte deinen Geist achtsam auf die Wahrnehmung, wie all die Kilos deiner körperlichen Existenz auch im Kopfstand den Gesetzen der Gravitation gehorchen – und gib dann nach.

KATAUTTHITA TRIKONASANA

Die gestreckte Dreieckshaltung wirkt garantiert

AUF DEN UNTEREN RÜCKEN,

DEN NACKEN UND DIE KNIE.

3
Wir machen Fortschritte.
Es geht aufwärts.
2
Und noch ein Stückchen.
1

KATAUTTHITA TRIKONASANA

Tipps für Risiko-Vermeider und Warmduscher Seite 78

Das KATA-Dreieck führt dich aus der Unklarheit in die Klarheit. Dein unübersichtlicher, womöglich rundlich erscheinender Körper wird sich in die Struktur von Dreiecken ordnen. Führe die KATA-Dreifaltigkeit Biegung, Drehung und Schwerkraft zur Einheit – und das KATA-Dreieck wird dich sicher in das klare Viereck eines Bettes in einer orthopädischen Kurklinik geleiten.

Gib deinem Leben Struktur:
Achtsame Einfalt statt chaotischer Vielfalt!

DER SCHNELLSTE WEG ZUR DURCHLEUCHTUNG:

- Beine mit stark durchgedrückten Knien grätschen (Dreieck 1).
- Unbedingt eine Hand an den unteren Fuß oder auf den Boden bringen (Dreieck 2).
- Den Kopf um mindestens 90 Grad nach oben drehen, den Hals dabei strikt waagerecht halten (Dreieck 3).
- Das dreifache KATA-Dreieck mindestens 3 Minuten lang halten.

KATABAK ASANA

Der Kranich wirkt garantiert

AUF DIE HANDGELENKE.

Oh mein Gott.

Gleich haben wir's.

Momentchen.

Und nochmal.

KATABAK ASANA

Tipps für Risiko-Vermeider und Warmduscher Seite 80

So wie sich der schwere Kranich mit Leichtigkeit zum Licht aufschwingt, so lässt dieses Asana die Schwere deiner materiellen Existenz in ungeahnte Dimensionen wachsen. Wachsam wie der heilige Vogel selbst wird dein Geist deine Handgelenke durchdringen. Das Gewicht ihrer Vorbehalte gegen diese Haltung wird sich ebenso in Luft auflösen wie der vergängliche Knorpel ihrer kleinmütigen Gelenkflächen.

Befreie dich von den Lasten des Alltags und starte unbeschwert in die Arbeitsunfähigkeit.

DER SCHNELLSTE WEG ZUR DURCHLEUCHTUNG:

- Schwinge deine Waden wie Flügel immer wieder in die Höhe.
- Nimm achtsam die kurzen Momente des freien Flugs wahr.
- Wiederhole diese Übung unermüdlich.

KATADHANUR ASANA

Der Bogen wirkt garantiert

AUF DIE LENDENWIRBELSÄULE

(und mit etwas Geschick auch auf die Knie).

Schön festhalten.
Irgendwas hat geknackt.
Einfach weitermachen.
Positiv denken.

KATADHANUR ASANA

Tipps für Risiko-Vermeider und Warmduscher Seite 82

Spanne deinen Körper wie ein Krieger den Bogen. Richte den flammenden Pfeil deines Tuns gleichmütig auf dein Ego. Öffne vertrauensvoll dein Herz und dann tue, was getan werden muss: Lass los. (Aber auf keinen Fall deine Füße!) Im besten Fall wird der Pfeil tief in dein drittes Chakra dringen, um auch so manchen Wirbelbogen nachhaltig zu treffen.

Lerne siegen mit KATA-YOGA – auch über deinen Körper!

DER SCHNELLSTE WEG ZUR DURCHLEUCHTUNG:

- Beuge in der Bauchlage die Knie und lass die Füße nach außen fallen.
- Angle dir mit den Händen links und rechts je einen Fuß (oder auch Teile davon).
- Falls deine Arme nicht lang genug sind, einfach die Knie noch intensiver verdrehen.
- Übe immer dann, wenn dein Rücken bereits verspannt ist.

KATASUPTA KURMASANA

Die schlafende Schildkröte wirkt garantiert

AUF DEN UNTEREN RÜCKEN.

YES.
Das sehen wir gerne.
HALLO!
Huhu!

Wie ging das nochmal?

Augen zu.

Und durch.

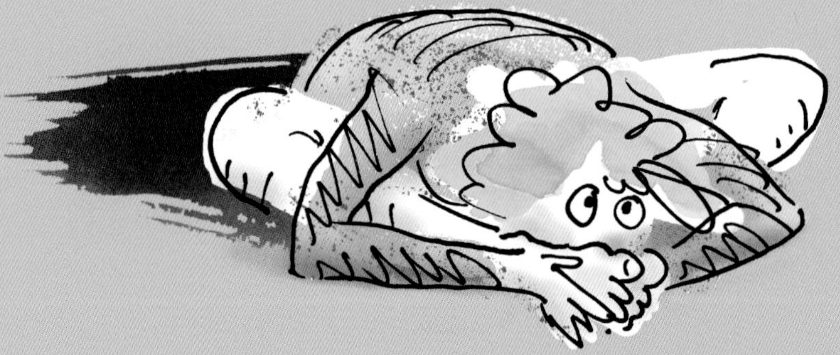

KATASUPTA KURMASANA

Tipps für Risiko-Vermeider und Warmduscher Seite 84

Für die Haltung der »Schlafenden Schildkröte« braucht es panzerharte Willenskraft, um die meist ebenso harten Beinmuskeln zu bezwingen. Gehe in dich. Lass zu, dass sich dir dein innerster Kern offenbart, auch wenn es sich dabei um das Innerste deiner Bandscheiben handelt. Während der Wochen deiner Genesung wird dir die Langsamkeit der Schildkröte ein treuer Begleiter sein.

Entschleunige dein Leben mit KATA-YOGA.

DER SCHNELLSTE WEG ZUR DURCHLEUCHTUNG:

- Dehne keinesfalls vorher irgendeine Beinmuskulatur.
- Lass den unteren Rücken rund wie einen Schildkrötenpanzer werden.
- Versuche unbedingt, die Nase bis zu den Füßen zu bringen.

KATAJANU SHIRSHASANA

Die Kopf-zum-Knie-Haltung wirkt garantiert

AUF DIE KNIE UND

AUF DEN UNTEREN RÜCKEN.

Da geht noch was.

Heut' lass ich's knacken.

Und lächeln.

KATAJANU SHIRSHASANA

Tipps für Risiko-Vermeider und Warmduscher Seite 86

Dieses Asana lehrt dich eine wichtige Lektion des KATA-YOGA: Nichts Materielles ist so stark, als dass es sich auf Dauer nicht dem unbeugsamen Geist ergeben würde – auch dein Meniskus nicht. Beuge unermüdlich Knie und Rücken und gehe schließlich (am besten mit Gehhilfen) durch die Erfahrung zeitweiliger Schwerbehinderung.

Übe Demut auf einem Bein (für Fortgeschrittene).

DER SCHNELLSTE WEG ZUR DURCHLEUCHTUNG:

- Niemals die Beine vordehnen, weder innen noch außen.
- Schmerzen im Knie friedvoll annehmen.
- Mit aller Kraft versuchen, die Stirn auf das Bein zu bringen. (Lass dir dabei helfen.)
- Besonders ganzheitlich wirkt dieses Asana nach einem langen Arbeitstag in der Sitzposition.

KATAPADMA ASANA

Der Lotossitz wirkt garantiert

AUF DIE KNIEGELENKE

(und – wenn du den Gebrauch eines Sitzkissens vermeidest – mit etwas Glück auch auf den unteren Rücken).

Alles ist gut.
Oh my goodness.
Schmerz lass nach.
Gleich hör ich die Englein singen...

KATAPADMA ASANA

Tipps für Risiko-Vermeider und Warmduscher Seite 88

So wie die Blüte des Lotos auf dem Wasser, reinweiß und weithin leuchtend, sei dein Lächeln in dieser Haltung. Wie der Lotos uns das Bohren seiner Wurzeln unten im Schlamm verbirgt, so verberge auch du das Bohren des Schmerzes in deinen unteren Gelenken. Leben heißt Leiden – und bewusstes Leiden lässt dich reifen. Wie ein geschliffener Diamant wirst du daraus hervorgehen: Dein inneres Licht wird hell durch den Meniskus-Riss leuchten (für den Radiologen gut sichtbar beim MRT).

Sprenge mit KATA-YOGA
die Grenzen deiner körperlichen Existenz!

DER SCHNELLSTE WEG ZUR DURCHLEUCHTUNG:

- Drehe unbedingt beide Füße mit den Sohlen nach oben auf deine Oberschenkel.
- Lehne konsequent jedes Sitzkissen ab.

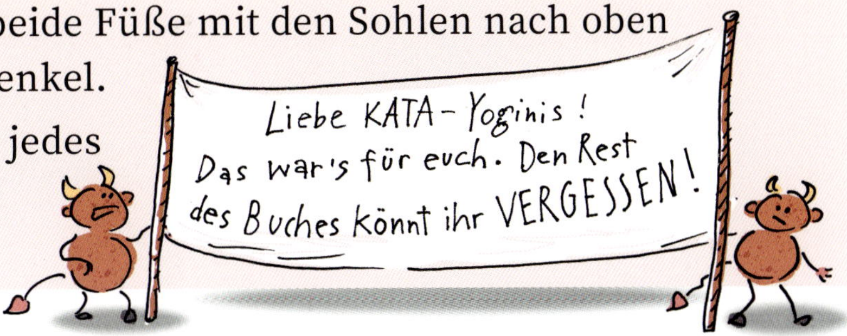

HATHA

FÜR ALLE

YOGA

- Du möchtest Yoga üben – aber ohne deinem Körper zu schaden?

- Du liebst die Herausforderung? Auch die deines Geistes?

- Du bist scharf drauf, Neues zu entdecken? Jedoch nicht unbedingt beim Orthopäden oder Physiotherapeuten?

- Du bist neugierig, wohin Yoga dich wohl führen wird?

- Und du weißt: Echtes Yoga erfordert Geduld?

WILLKOMMEN IM HATHA-YOGA!

HATHA-YOGA IST EIN ERFAHRUNGSWEG

HATHA-YOGA kann süchtig machen – nach noch mehr Hatha-Yoga. Kein Wunder: Yoga ist aus einer Sehn-Sucht des Menschen heraus entstanden. Aus einer Suche nach dem, was wohl hinter der sichtbaren, sich ständig wandelnden Welt stehen mag.

Die Frage, »was die Welt im Innersten zusammenhält«, ist mit Worten allein nicht zu beantworten. Seit Menschengedenken streiten sich die Gelehrten darüber, Forscher widmen dieser Frage ihr Leben, schauen ins Innerste unserer kleinsten Bestandteile oder richten den Blick weit ins All hinaus. Und die Religionen bieten seit jeher ihre unterschiedlichen Antworten darauf an. Wer denn nun die richtige gefunden habe, darum streiten Religionsvertreter selbst in unseren Tagen leider noch sehr vehement.

Yoga ist keine Religion. Doch zum Yoga gehört eine Philosophie. Die Philosophie des Hatha-Yoga beinhaltet die folgende Weisheit: Die Antwort auf die Frage nach dem Wesenskern unserer Existenz ist erfahrbar. Zum Beispiel beim Yoga. Yoga ist ein Erfahrungsweg.

Erfahrung und Entwicklung sind nur möglich, wenn wir etwas tun. Wenn wir uns dem, was uns am Herzen liegt, immer wieder neu und aufmerksam widmen. Und vor allem deshalb heißt es in den alten Grundlagentexten des Yoga sinngemäß: Wer ausdauernd dranbleibt, wird mit beglückenden Einsichten belohnt. Es geht also darum, das eigene Bewusstsein zu entwickeln. Und nicht darum, noch länger als die Mattennachbarin im Kopfstand zu stehen.

GESUNDES YOGA STATT KATASTROPHEN-YOGA

DER WEG des Hatha-Yoga ist nicht gerade gemütlich. Mit dem Ruf »Hatha! Hatha!« treiben die indischen Bauern ihre Arbeitstiere an. Hatha-Yoga ist sozusagen ein Beschleunigungssystem auf dem Weg der Bewusstseinsentwicklung. Aber dieser Weg muss nicht mit Schmerzen gepflastert sein.

Hatha-Yoga ist ein kraftvoller Weg. Manch ein Körper wird dabei stark wie der eines Athleten und geschmeidig wie der einer Akrobatin. Aber jeder ist anders. Was für die eine ein Kinderspiel ist, wird ein anderer auch nach jahrelangem Üben nicht hinkriegen. Darum lass dich niemals von jemandem, der deinen Körper nicht ganz genau kennt, in ein Asana hineinschieben.

Als Yoga in Indien entstand, war der körperliche Zustand der Menschen dort mit Sicherheit komplett anders als unserer. Damals war stundenlanges Sitzen eher ein Luxus als ein Problem. Ernährung, Klima und Alltagsleben haben großen Einfluss auf den Körper.

Und neben allen individuellen, geografischen und historischen Unterschieden gilt außerdem: Es gibt ein paar anatomische Grundwahrheiten, um die keiner herumkommt, so gelenkig er oder sie auch sein mag. Auf den nächsten Seiten werden deshalb die KATA-YOGA-Übungen genau unter die Lupe genommen und Tipps gegeben für gesundes HATHA-YOGA mit Herz und Verstand.

UTTANASANA

Die Vorbeuge aus dem Stand

Warum eigentlich vorbeugen?

Sich aus dem Stand vorzubeugen, das hat etwas mit einer tiefen Verneigung zu tun. Mit einer andächtigen Begrüßung, und zwar mit dem ganzen Körper. Der Kopf, der sonst immer das Sagen hat, kommt mal runter von seinem hohen Thron. Diese Erfahrung ist wichtig, deshalb gehört die Verneigung einfach zu jeder Yoga-Praxis – und zwar voller Achtung und Demut auch unserem eigenen Körper gegenüber.

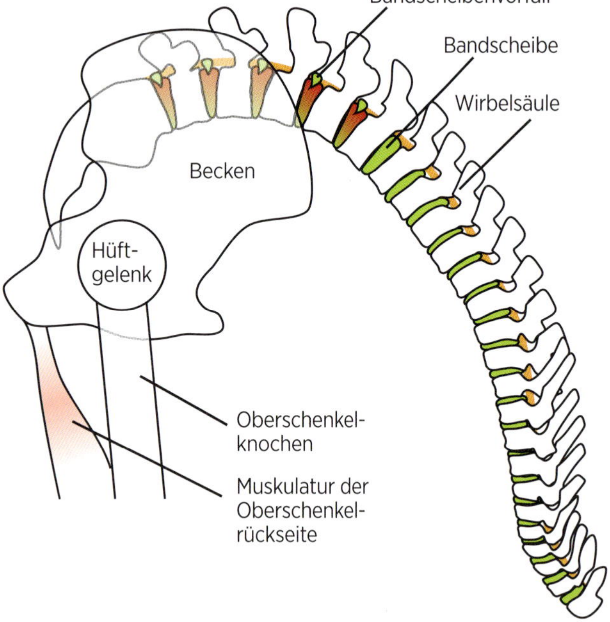

Wo kann eine KLEINE KATASTROPHE passieren?

Im unteren Rücken: Wenn wir den ganzen Tag lang sitzen – im Auto, in der Schule, am Computer, – sind die Beinmuskeln hinten verkürzt und verspannt, der Bauch vorne schlapp, die Bandscheiben zwischen den Lendenwirbeln zusammengedrückt. Und wenn wir uns dann abends beim Yoga lange in der Vorbeuge hängen lassen, dann scheint uns das ach-wie-angenehm.

Allerdings kann dieses Sich-Hängen-Lassen die Bandscheiben so unter Druck setzen, dass ihre faserige Außenumhüllung aufreißt und der gallertartige Kern nach außen quillt: ein Bandscheibenvorfall. Der drückt im ungünstigsten Fall auf einen Nerv, was Schmerzen bis ins Bein hinunter auslösen kann.

Wenn sich das Becken gut nach vorne und unten bewegen kann, rundet sich die Wirbelsäule weniger. Dies gelingt jedoch nur mit dehnbaren Oberschenkelrückseiten, denn diese Muskeln sind unten an den Beckenknochen befestigt. Sind sie verkürzt oder verspannt, ziehen sie daran und kippen das obere Becken nach hinten (wie in der Abbildung).

WIE ES AUCH ANDERS GEHT

Um in die Erfahrung einer andächtigen Verneigung zu kommen, ist ein runder Rücken nicht zwingend notwendig. Manchmal reicht es schon, den Blick und den Kopf zu senken.

Für die tiefe Verbeugung in Uttanasana braucht man starke stützende Rumpfmuskeln. Trainiere also auch Bauch und Flanken – alles, was die Wirbelsäule stabilisiert. Die Rückenmuskeln werden übrigens auch durch gerade Vorbeugen gestärkt, wie unten links zu sehen.

Bei verkürzten Beinrückseiten immer die Knie beugen, sonst ziehen die Beinsehnen hinten am Becken und der untere Rücken wird unnötig belastet. Rückenfreundliche Varianten für die Dehnung der Beinrückseiten zeigen die beiden Übungen rechts unten.

Die Beine immer erwärmen (zum Beispiel mit Kundalini-Yoga, siehe S. 71), **bevor du mit Uttanasana oder Dehnungen beginnst.**

Kleine andächtige Verneigung – ganz ohne Rundrücken

- den unteren Rücken beim Vorbeugen und Aufrichten kraftvoll gerade lassen, solange es geht
- wenn das die Vorbeuge erleichtert, die Knie etwas beugen

- den unteren Rücken in der Vorbeuge nur kurz runden
- wieder in eine kraftvolle, im Rücken stabile Haltung zurückkehren

- den unteren Rücken fest an den Boden schmiegen
- Beine hoch in die Luft strecken, Zehen heranziehen
- Beinrückseiten dehnen

- Beinrückseiten mit Gurt intensiv dehnen

SURYA NAMASKAR

Der Sonnengruß mit »Durchtauchen in die Bauchlage«

Warum eigentlich »durchtauchen«?

Bei durchtrainierten Menschen mit starken Schultern sieht er sehr elegant aus, dieser Übergang aus dem Fersensitz, der Kind- oder der Vierfüßlerhaltung in die Bauchlage (meist geht es dann mit der Kobra weiter). Einfach wunderbar fließend.

Für ein solch tänzerisch anmutendes Yoga ist jedoch nicht jeder geignet. Allmorgendlich viele Sonnengrüße mit dem tiefen Liegestütz – ob die Schulter dieser Belastung in einer Haltung standhält, für die sie von Natur aus gar nicht vorgesehen ist, merkt man leider erst, wenn die Beschwerden einsetzen.

Wo kann eine KLEINE KATASTROPHE passieren?

In der superbeweglichen menschlichen Schulter: Kaum ein anderes Säugetier kann seine Vorderfüße so raumgreifend bewegen wie der Mensch. In unserer Hochzivilisation benutzen wir die Hände allerdings fast nur noch vorne, daher sind die Muskeln vorn und hinten sehr ungleich ausgebildet. Schlecht, denn die Schulter wird nur durch Muskeln stabilisiert. Die Knochen innen sind sehr beweglich.

Leider verlaufen zwischen diesen Knochen auch ein paar Sehnen, die zu Armmuskeln und Schulterblattmuskeln führen. Gequetscht zu werden ist auf die Dauer eine aufreibende Angelegenheit.

Bei Menschen mit eher zarter Schultermuskulatur und durch den Alltag vorverlagerten Schultern wird es deshalb im tiefen Liegestütz (Abbildung links) kritisch: Damit die zwischen Oberarmkopf und Schulterblattdach durchlaufenden Sehnen nicht eingeengt werden, muss man schon die Schulter- und Rückenmuskeln eines Athleten haben.

WIE ES SCHULTERFREUNDLICH GEHT

Trainiere diejenigen Schultermuskeln, die im Alltag wenig gebraucht werden, welche aber die Schultern rundum stabilisieren, zum Beispiel mit **Heuschrecke** (Shalabasana, siehe S. 79) **und Seitstütz** (Vasishtasana, siehe rechts).

Lass Arme und Schultern häufig durch Rückwärts- und Abwärtskreisen aus der gewohnten Haltung herauskommen.

Dehne ganz oft die kleine Brustmuskulatur, indem du die Arme ausbreitest, als wolltest du die ganze Welt umarmen (siehe Sonnenatmung S. 83).

Das Auf und Ab im Liegestütz solltest du ganz vermeiden. Die Bretthaltung (Caturanga Dandasana 1), also die Liegestützhaltung mit geraden Armen, ist dagegen sehr empfehlenswert (auch auf Unterarmen möglich).

TIPP: Beim Übergang vom Hinabschauenden Hund 2 zur Kobra 7 lässt sich das Gewicht durch die Knie abfangen und nach hinten verlagern:

VASISHTASANA

Der Seitstütz ist ein optimales Training für die Schultermuskulatur. Der Stützarm kann auch gestreckt werden.

1

2

3

4

5

6

7

8

9

10

11

12

HALASANA

Der Pflug

Warum eigentlich »pflügen«?

Tja, das ist wirklich die Frage. Wozu das Ganze? Die Umkehrhaltung für Faule? Es ist einfach sehr angenehm, relativ passiv die intensive Dehnung der Hals- und Nackenmuskeln zu erleben. Die Schwerkraft erledigt die Arbeit, wenn man erstmal in der Position ist.

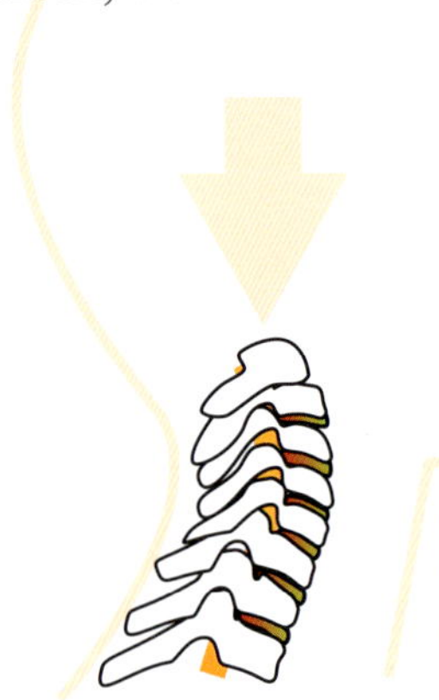

Im Alltag

Beständiger Druck auf die kleinen Bandscheiben

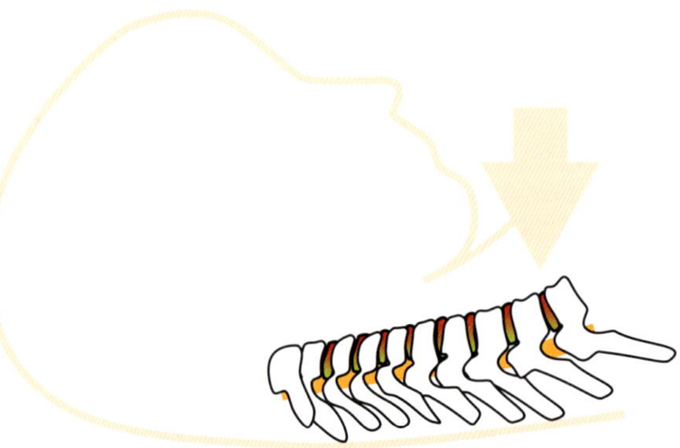

In der Pflug-Haltung

Zusätzlicher Druck auf Hals- und Brustwirbel, gleichzeitig Überstreckung der Wirbelsäule

Wo kann eine KLEINE KATASTROPHE passieren?

In den Minibandscheibchen im Hals: Der Hals hat ja eigentlich schon genug damit zu tun, den ganzen Tag lang einen einige Kilo schweren Kopf rumzuschleppen. Oft muss er die immer gleiche Stellung halten, die immer gleichen Muskeln anspannen. Bei Stress ziehen dazu auch noch ein paar Nackenmuskeln am Hals. Dann abends beim Yoga der Pflug: eine Monster-Vorbeuge, in der maximaler Druck auf vielleicht schon vorbelastete Strukturen trifft. Die Gegenspieler-Muskeln, die die Halswirbel stützen und damit schützen könnten, sind meist zu schwach, um den Abstand zwischen ihnen zu halten. Wenn die Bandscheiben vorgeschädigt sind, kann es zum Bandscheibenvorfall kommen. Dabei können Nerven gequetscht werden, welche Arme und Finger versorgen. Das führt zu Schmerzen oder Taubheitsgefühl.

WIE DAS ÜBEN NACHHALTIG GUTTUT

Der Sinn des »Pflügens« liegt in der Umkehr, der Einkehr und dem Aufgeben von »Halsstarrigkeit«. Diese Tugenden kannst du auch in körperfreundlichen Haltungen wie der Schulterbrücke (Setu Bandha) oder dem Kind/Embryo (Balasana) üben.
Für den Aufbau derjenigen Halsmuskulatur, die die Halswirbelsäule von innen stabilisiert, ist die Übung rechts unten (1 und 2) ideal. Dieses einfache, aber wirkungsvolle Training kann gar nicht hoch genug gepriesen werden. Bei Bedarf am besten täglich üben.

TIPP

Falls du dich gerade etwas schwer(mütig) fühlst: besser nicht so lange am Boden bleiben, sondern bewegen!

SETU BANDHA

- ebenfalls eine Umkehrhaltung, denn der Bauch ist höher als der Kopf
- du kannst unbesorgt im Nacken loslassen und Nachgiebigkeit erfahren, denn Beine und Schultern tragen das Hauptgewicht, nicht jedoch der Hals

BALASANA

- auch hier wird der Rücken passiv gedehnt, besonders intensiv bei der Einatmung
- den Kopf und die Arme legst du so ab, dass auch der Nacken etwas gedehnt wird
- auch in dieser Position ist innere Einkehr möglich

1

- Rückenlage, Beine aufstellen
- Kopf bequem auf einer Handinnenfläche ablegen
- Hand behutsam hervorziehen, aber den Kopf in genau dieser Position halten

2

- sobald der Kopf in der Schwebeposition anfängt zu zittern, eine Pause einlegen
- maximal 5 Atemzüge lang halten
- 3-mal wiederholen

KUNDALINI-FRÖSCHE

Tiefkniebeugen

Warum eigentlich »Froschschenkel-Kniebeugen«?

Sie bringen einen enorm in Schwung, der Kreislauf kommt auf Touren. Die Beine sind dabei natürlich nicht in X-Bein-Stellung wie im Katastrophen-Yoga, sondern die Fersen berühren sich. Und trotzdem: Bitte mach diese Übung besser nicht zum Teil deiner täglichen Praxis.

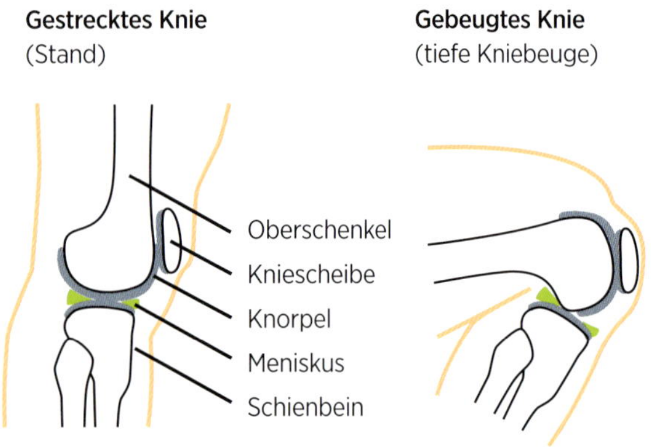

Der Oberschenkelkopf rollt und gleitet gleichzeitig nach vorn, wenn das Knie gebeugt wird.

Wo kann eine KLEINE KATASTROPHE passieren?

In den Knien und im unteren Rücken: Das Rücken-Thema beim Vorbeugen wurde schon bei Uttanasana (auf Seite 64) erläutert. Bei den Knien liegt das Problem im Abrieb des Knorpels durch die vielen Wiederholungen der tiefen Beugen. Der Oberschenkelkopf rollt nämlich nicht nur auf der Schienbein-Knorpelfläche, sondern er rutscht dabei auch nach vorne: je tiefer die Kniebeuge, desto weiter. Das ist normal, und wenn genug Gelenkschmiere da ist, kein Problem. Wenn dieses Gleitmittel weggedrückt ist, bleibt beim jungen, gesunden Knorpel immer noch eine Schutzschicht aus Eiweißmolekülen. Wann der Abrieb des Knorpels beginnt, spürt man leider nicht. Nach Jahren des Übens bekommen viele eifrige Yogi(ni)s dann Knie-Probleme: Steter Tropfen höhlt den Stein.

Das Knie verschleißt im Laufe eines langen Lebens meist sowieso – warum sollten wir diesen Vorgang durch extreme Belastungen im Yoga beschleunigen?

WIE ES AUCH ANDERS GEHT

Für das Wecken der Energie sind viele andere Übungen des Kundalini-Yoga besser geeignet.
Die Beinmuskulatur, die in den Kundalini-Fröschen aktiviert wird, kannst du mit den unten beschriebenen Abläufen ebenso kräftigen. Dabei wird die tiefe Kniebeuge vermieden. Wach und belebt wirst du dich danach genauso fühlen.
Hier zwei Vorschläge für knie- und rückenfreundlichere Energie-Kicks: der Wechsel zwischen der Kraftvollen Haltung (Utkatasana) und der Berghaltung (Tadasana) sowie ein Kundalini-Warm-up, bei dem die Arme und ein Bein über Kreuz geschwungen werden, verbunden mit sehr kräftigem Ausatmen (1 und 2).

TIPP

Im Kundalini-Yoga können Ausdauer und Kondition aufgebaut werden. Dafür übt man die Abläufe zunächst 1 bis 2 Minuten lang und steigert die Dauer mit der Zeit.

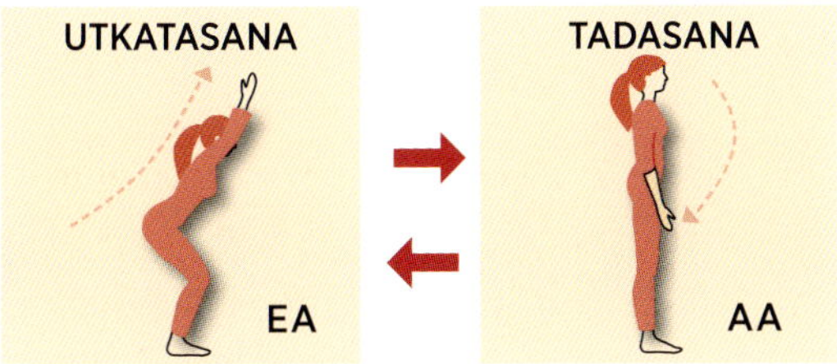

- halbe Kniebeuge mit viel Kraft im Rücken, Arme gestreckt neben den Ohren, Knie parallel (EA = langes, tiefes Einatmen)

- aufrechter Stand (AA = langes, tiefes Ausatmen)
- Wechsel im Rhythmus des Atems
- so oft wiederholen, wie du magst

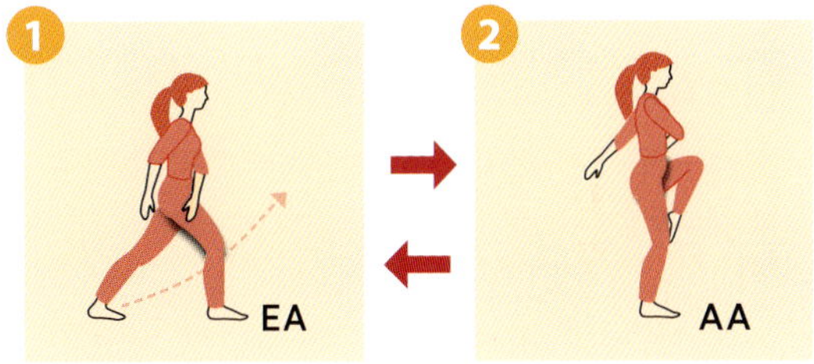

- stabiler Ausfallschritt, die Arme locker auf die Seite des vorderen Beins schwingen (tief einatmen)
- Vor- und Hochschwingen des hinteren Beins

- die Arme locker auf die Gegenseite schwingen (sehr kräftig ausatmen)
- das Knie dabei hoch an den Bauch ziehen
- 2 bis 5 Minuten lang, dann Seitenwechsel

PASCHIMOTTANASANA

Die sitzende Vorbeuge

Warum eigentlich vorbeugen?

Die wörtliche Übersetzung von Paschimottanasana heißt eigentlich »den Westen stark dehnende Haltung«. In Indien schaut man beim Üben meist Richtung Osten. Wenn man also »den Westen« dehnt, dehnt man die Rückseite des Körpers. Der Sinn dieser Übung liegt in einer befreienden Dehnung, nicht in einem Zusammenquetschen. Und auch nicht in einem Vorbeugen, das eher ein Verbiegen ist. Die Energie soll dabei und danach freier zirkulieren. Nicht nur nach yogischer Theorie, auch gemäß der chinesischen Medizin ist der freie Fluss der Energie durch den längsten Meridian des Körpers – der über Stirn und Hinterkopf den ganzen Rücken und die Rückseite der Beine entlang bis zum kleinen Zeh geht – von essentieller Bedeutung für unsere Lebenskraft.

Wo kann eine KLEINE KATASTROPHE passieren?

Da die Beine langgestreckt am Boden bleiben sollen, damit auch ihre Rückseite gedehnt wird, braucht es in den Beinrückseiten viel Elastizität – und die ist im seltensten Fall ausreichend vorhanden. Daher ziehen die Beine am Becken, das Becken zieht am Rücken – und das kann zu einem massiven Problem im unteren Rücken führen: Die untere Wirbelsäule kommt in eine starke Rundung. Dabei geraten die Bandscheiben derart unter Druck, dass sich – falls sie schon etwas morsch sind – ihr weicher Inhalt durch kleine Risse herausdrücken kann: Es kommt zu einem Bandscheibenvorfall. Manche verursachen keine Schmerzen – wenn man Pech hat, gehen sie einem allerdings leider direkt auf die Nerven.

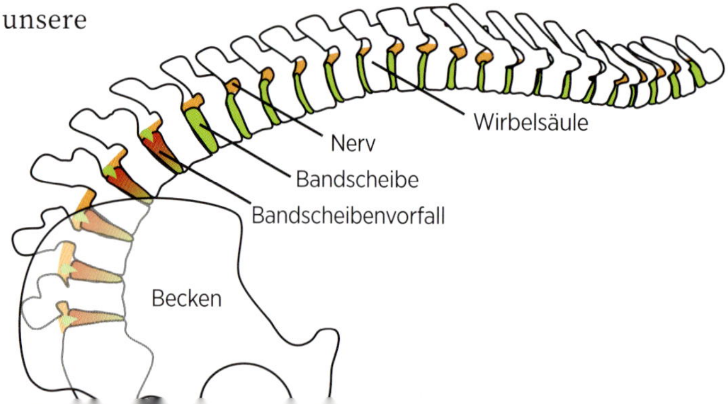

WIE ES GANZ RÜCKENFREUNDLICH GEHT

Am besten ist es, sich in kleinen Schritten und mit hoher Aufmerksamkeit an diese intensive Dehnung heranzutasten. Wichtig dabei: Immer wieder überprüfen, dass der Rücken lang ist – und nicht rund.
Bewusstes langes tiefes Atmen unterstützt das Erspüren der möglichen Spielräume.
Die Oberschenkelrückseiten immer wieder mit rückenfreundlichen Übungen dehnen, um ihre Elastizität zu erhöhen. Das geht beispielsweise liegend an einer Wand (Abbildung rechts unten) **oder intensiver mithilfe eines Gurtes** (wie auf S. 65 vorgeschlagen).

TIPP

Ein festes Kissen oder eine zusammengerollte Decke unter dem Po vergrößert den Winkel zwischen Beinen und Rumpf und eröffnet Freiräume für die Dehnung.

1

- **Füße heranziehen, große Zehen umfassen**
- **Schultern nach hinten und unten ziehen, den Nacken lang strecken**
- **über den höchsten Punkt des Kopfes nach oben wachsen**

2

- **Beine stärker strecken, dabei den Bauchkontakt mit den Oberschenkeln bewahren**
- **Schultern und Nacken wie in Übung 1**
- **Rücken vom Kreuzbein bis zum Scheitel lang dehnen**

3

- **Danach zum Ausruhen und Nachspüren einige tiefe Atemzüge lang in dieser Position verweilen (Stellung des Kindes, hier die Variante mit den Fäusten unter der Stirn)**

- **Diese Haltung gewährleistet eine rückenfreundliche, sanfte Dehnung der Beinrückseiten.**

SHALAMBA SHARVANGASANA

Der gestützte Schulterstand

Warum eigentlich Schulterstand?

Eine große Umkehrhaltung, fast schon so dolle wie im Kopfstand: Das Unterste wird nach oben befördert. Der Geist ist damit beschäftigt, den Körper im Gleichgewicht zu halten. Wenn wir eine Weile in der Haltung bleiben können, ändert sogar das Denken seine Richtung.

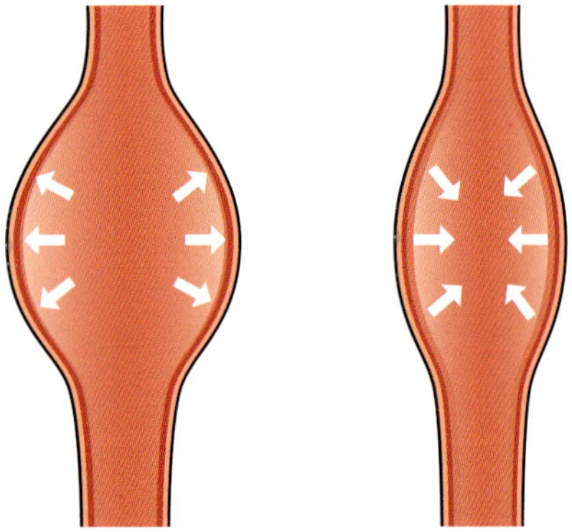

Arterien und die kleineren Arteriolen sind elastische Gefäße, die ihren Durchmesser verengen oder erweitern können. Ihre mittlere Wandschicht besteht aus Muskelzellen. Diese regulieren den Durchmesser des Blutgefäßes. Einige blutdrucksenkende Medikamente schränken diese Fähigkeit allerdings ein.

Wo kann eine KLEINE KATASTROPHE passieren?

Das Problem liegt genau da, wo es auch beim Pflug liegt: in der empfindlichen Halswirbelsäule (siehe S. 68).

All die anderen Umstände (wie Schwangerschaft und vieles mehr), die gegen langes Andersrumstehen sprechen könnten, lassen wir hier mal beiseite. Das steht ausführlich in den Yogabüchern, die in den Buchtipps (ab S. 90) empfohlen werden. Was man prüfen sollte, bevor man lange in großen Umkehrhaltungen verweilt, ist der Blutdruck. Besonders wenn man – im wahrsten Sinne des Wortes – nicht mehr »blutjung« ist. Und vielleicht schon Medikamente nimmt, welche die Blutgefäße am Verengen hindern sollen.

Umkehrhaltungen gelten als Verjüngungskur, denn die Reaktionsfähigkeit unserer kleinen Blutgefäße wird dabei trainiert. Die Muskulatur in den Gefäßwänden hat zusätzlich gegen die Schwerkraft zu arbeiten. Aber für dieses Training sollte die Muskulatur auch in der Lage sein, entsprechend zu reagieren (siehe links)!

WIE ES AUCH ANDERS GEHT

Der Sinn aller Umkehrhaltungen (VIPARITA KARANI MUDRA, so der Sanskritbegriff dafür) besteht im Perspektivwechsel: Wer darin verweilt, kann Gewohntes aus einem ungewohntem Blickwinkel betrachten. Deshalb ist es eine entscheidende Frage, eine Form der Umkehrhaltung zu finden, in der Besinnung für dich auch wirklich möglich ist.
Für den Schulterstand brauchst du außer kraftvollen Rumpfmuskeln auch einen Kraftsportler-Nacken, den nichts so schnell erschüttern oder zusammenknautschen kann (Übungen zum Nackenstärken siehe S. 69 und 79).

TIPP

Erspüre das Anliegen dieses Asana: Viparita Karani Mudra bedeutet sinngemäß »die innere Haltung zur Umkehr besiegeln«.

- eine unter dem Schultergürtel liegende Decke bewirkt, dass der Abknickwinkel vom Hals zum Rumpf nicht ganz so stark ist
- gut mit den Armen abstützen
- wenn es sich gut anfühlt, gerne lange in dieser Umkehrhaltung verweilen

- eine dicke, gefaltete Decke unter dem Becken ermöglicht langes und ganz entspanntes Verweilen in einer etwas kleineren Umkehrhaltung
- die Beine entweder ruhig halten oder kleine Bewegungen mit den Füßen geschehen lassen

- Luxusvariante für ganz Erschöpfte: mit den Beinen an der Wand und einem Kissen unterm Becken

- eine ganz andere Umkehrhaltung an der Wand: der unterstützte Handstand
- in dieser Haltung hat der Hals gar nichts zu tragen, dafür die Handgelenke umso mehr (siehe S. 80)

SHIRSHASANA

Der Kopfstand

Warum eigentlich »alles auf den Kopf stellen«?

Weil es ein tolles Gefühl ist, sich andersherum aufrecht halten zu können. Mal total den Blickwinkel zu ändern. Vielleicht sogar ganz schön lange. Womöglich ist danach selbst der härteste Dickschädel mürbe und bereit für die Erleuchtung … Aber im Ernst: Diese schwierige Gleichgewichtshaltung bindet unseren Geist. Er ist damit zu beschäftigt, um gleichzeitig Alltagsprobleme wälzen zu können.

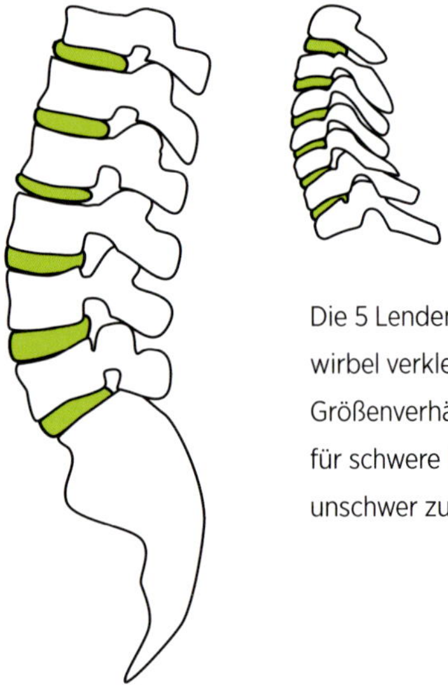

Die 5 Lendenwirbel und die 7 Halswirbel verkleinert, aber im richtigen Größenverhältnis. Wer von beiden für schwere Lasten gedacht ist, ist unschwer zu erkennen.

Wo kann eine KLEINE KATASTROPHE passieren?

Auch hier ist es der arme kleine Hals, der ausbaden muss, was andere schlappe Körperteile ihm zumuten. Denn eigentlich sollten Rumpf, Schultern und Arme die Hauptaufgaben übernehmen.

Der Hals kann sich leider nicht wehren, wenn man ihm zu viel Gewicht zumutet. Tagsüber trägt er »nur« den Kopf. Außerdem ziehen die Nackenmuskeln an ihm, besonders bei Stress. Und nun soll er einen Zentnersack aushalten?

Die Halswirbelsäule ist bei allen Menschen viel kleiner und zarter gebaut als die unteren kräftigen Lendenwirbel. Darauf sollte auch im Yoga Rücksicht genommen werden.

WIE DAS ÜBEN WIRKLICH SINNVOLL IST

Für den Kopfstand braucht es vor allem genügend Arm- und Schulterkraft, um den Körper so weit hochzudrücken, dass der Kopf 1 bis 2 Millimeter über dem Boden schwebt. Damit steht man komplett auf den Unterarmen, ohne Druck auf Kopf und Hals. Starke Rumpfmuskulatur ist außerdem gefragt und ein im Kopfstand geschulter Gleichgewichtssinn.
Wie im Schulterstand sollte es auch im Kopfstand möglich sein, so sicher zu stehen, dass der Geist sich entspannen kann. Nur dann kommt der eigentliche Sinn dieser großen Umkehrhaltung zum Tragen: zu erfahren, dass Umkehr möglich ist, in jeglicher Hinsicht.
Hier die richtigen Schritte auf dem Weg zum sicheren Kopfstand. Es ist wichtig, keinen Schritt auszulassen und die nächste Stufe erst zu üben, wenn die vorherige Haltung wirklich einfach auszuführen ist.

ADHO MUKHA SHVANASANA

Hinabschauender Hund: eine Umkehrhaltung, die auf den Kopfstand vorbereitet.

1

- Die Haltung des hinabschauenden Hundes sollte ganz einfach für dich sein. Auch mit einem Bein in der Luft.

2

- Wenn du im Hinabschauenden Hund statt auf den Händen auf den Unterarmen stehst, kannst du sehr gut testen, ob du schon stark genug bist für den Kopfstand. Und bitte ohne Rundrücken.

3

- Dann langsam den Rücken in die Senkrechte bringen und wieder testen, ob du den Kopf vom Boden lösen kannst.

- Eine andere Vorübung kann der Kopfstand an der Wand sein. Kannst du deinen Kopf 1 bis 2 Millimeter in die Schwebe hochstützen und halten? Erst dann ist das Königsasana dran. Geduld, Geduld.

UTTHITA TRIKONASANA

Die gestreckte Dreieckshaltung

Warum eigentlich »in Dreiecke hineinstrecken«?

Utthita Trikonasana ist eine sehr kraftvolle und klar strukturierte Haltung. Das Dreieck der Beine bildet die sichere Basis. Der waagerecht ausgestreckte Oberkörper und der Hals sind die Basis eines weiteren Dreiecks, das durch den Blick nach oben zur Hand vollendet wird. Energie und Klarheit, Kraft und Struktur – spürst du sie? Oder wird dir eher schwindlig?

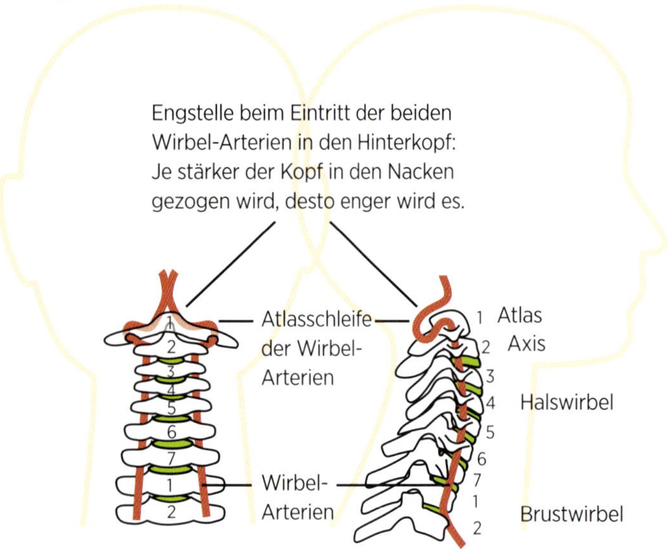

Wo kann eine KLEINE KATASTROPHE passieren?

Im unteren Rücken, aber diese Thematik lassen wir hier außer Acht. Bis auf einen Hinweis: Vorbeugen und gleichzeitig drehen belastet die Bandscheiben noch stärker als gerades Vorbeugen. (Mehr zum unteren Rücken siehe S. 64.)

Oft unterschätzt wird auch die Kraft, die in diesem und ähnlichen Asanas der Halsmuskulatur abverlangt wird. Weil wir Menschen nicht mehr auf allen vieren unterwegs sind, ist die Muskulatur zum waagerechten Kopfhalten und -drehen meist recht mickrig. Im Dauerstress ist dagegen diejenige Halsmuskulatur, die über Stunden hinweg am Bildschirm oder am Steuer aktiv ist. Diese Muskeln springen in Trikonasana dienstbeflissen an, ziehen den Kopf in den Nacken und verengen den Durchfluss des Blutes in den Kopf (siehe Abbildung), spürbar durch Schwindelgefühl oder Ohrgeräusche. Die schwächeren vorderen und inneren Halsmuskeln sind auch überfordert. Und Überforderung führt meist zu Verspannung: Nackenschmerzen nach dem Yoga? Alles klar.

WIE ES GANZ KÖRPERFREUNDLICH GEHT

Yoga bietet neben Trikonasana eine Reihe anderer kraftvoller und strukturierter Asanas, in denen der Kopf jedoch nicht so verdreht werden muss. Besonders in Standhaltungen wie dem Held oder dem Krieger (siehe S. 83) können Stärke und klare Ausrichtung erlebt werden.

Falls Utthita Trikonasana die Übung der Wahl bleibt, sind folgende Vorbereitungen zu empfehlen:

Die Rückseiten der Beine immer wieder auf rückenfreundliche Weise dehnen (siehe S. 65)

Rücken- und Nackenmuskulatur stärken, zum Beispiel mit diesen 3 Varianten der Halben Heuschrecke (Ardha Shalabasana 1 bis 3) und einer weiteren Übung für Kraft und Flexibilität im oberen Rücken und Nacken 4 :

VIRABHADRASANA

Klarheit und Stärke können auch rücken- und nackenfreundlich erfahren werden: der Krieger (siehe S. 83).

1

- Bauchlage, Stirn auflegen, Arme in Vorhalte
- Beckenboden aktivieren, einatmend Arme und Oberkörper heben, Nacken lang lassen
- ausatmend ablegen

2

- Bauchlage, Hände auf dem Rücken verschränken, Nacken lang
- einatmend Oberkörper heben, Arme und Schulterblätter Richtung Füße ziehen
- ausatmend ablegen

3

- Bauchlage, Stirn auf die Handrücken legen
- Stirn und Hände zusammenlassen, einatmend Oberkörper heben
- ausatmend senken

4

- Bauchlage, Arme in U-Haltung
- einatmend Kopf leicht heben, nach rechts drehen, rechten Ellenbogen heben
- ausatmend Stirn mittig ablegen, Ellenbogen und Arm senken
- Seitenwechsel

BAKASANA

Der Kranich

Warum eigentlich »abheben wie ein Kranich«?

Dieses Asana kann, wenn's klappt, Leichtigkeit und Freude erzeugen. Die kommen uns ja gerne mal abhanden im Alltag. Frei wie ein Vogel zu sein ist eine ganz alte Sehnsucht der Menschen. Die Füße vom Boden lösen, die Schwerkraft überwinden, das Gleichgewicht finden – diese Erfahrungen bietet Bakasana, der Kranich (oder auch Kakasana, die Krähe, ein fast identisches Asana). Beides sind gewichtige Vögel, so wie auch unser Körper mehr oder minder gewichtig ist – das bekommt man hier sehr deutlich zu spüren. Was sonst von kräftigen Beinen durch die Welt getragen wird, lastet nun auf Schultern, Armen und Händen.

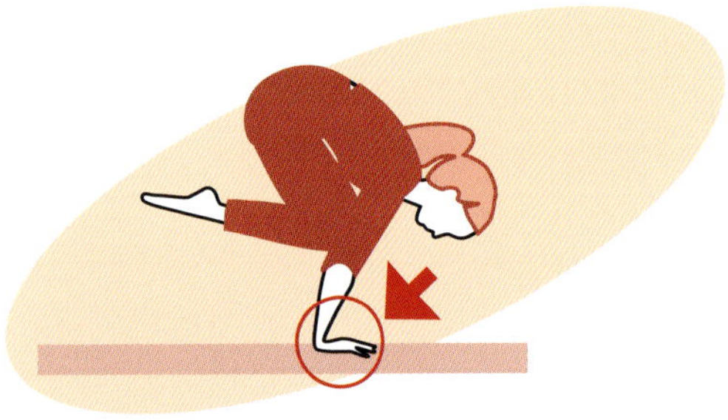

Wo kann eine KLEINE KATASTROPHE passieren?

Genau hier: In den Gelenken der Schultern, Arme und Hände sind Kraft und beste Gesundheit die Voraussetzung, um das Asana unbeschadet zu üben. Am meisten Gewicht lastet auf den Handgelenken, die wahrlich nicht dafür vorgesehen sind, diese Position lange zu ertragen. Damit wir wenigstens einige Atemzüge lang ein Vogel sein und danach wieder fröhlich landen dürfen, ist es wichtig, dass die Knorpelflächen in den Handgelenken möglichst gleichmäßig belastet werden. Dafür brauchen wir hier eine größere Flexibilität, als sie bei den meisten von uns vorhanden ist. Der Knorpel kann an den überlasteten Stellen geschädigt werden – und dann erzeugt das Asana leider keine Freude und Leichtigkeit, sondern Entzündungen und Schmerzen. Brauchen wir nicht, oder?

WIE ES AUCH ANDERS GEHT

Sich leicht und kraftvoll zu fühlen ist wunderbar. Die Wege dahin sind vielfältig: Für manch einen sind bewegte Übungen wirkungsvoller als der Kranich. Herrlich befreit und erleichtert fühlt man sich mit nebenstehendem Kundalini-Atem-Schwung schon nach wenigen Minuten. Mit dem kräftigen, hörbaren Ausatmen fliegt alles Belastende gleichsam auf und davon.
Intensive Dehn- und Drehübungen für die Handgelenke sind wichtig, damit die starke Belastung dieser Gelenke in Bakasana optimiert wird.
Die unten beschriebene QiGong-Übung »Fliegende Wildgans« dehnt die Handgelenke (besonders in Phase 3 und 4) und bietet gleichzeitig die Chance, sich leicht und frei wie ein Vogel zu fühlen.

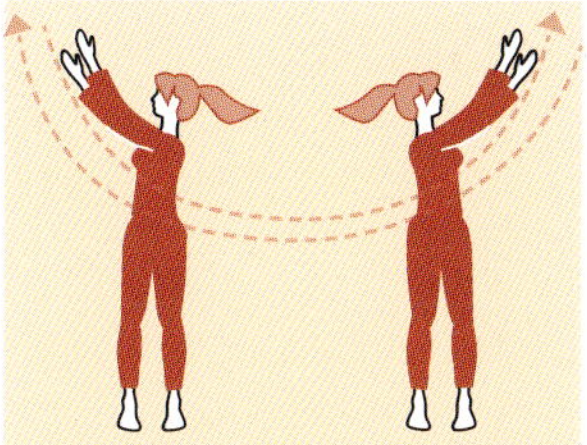

Kraftvolle Beine, die Arme schwingen im Atemrhythmus, oben einatmen, auf der anderen Seite ausatmen, wieder von vorn, 2 bis 5 Minuten, Seitenwechsel

1

- Füße parallel, Knie leicht beugen
- Handgelenke überkreuzen, Handinnenflächen und gestreckte Finger Richtung Unterarm bewegen
- Blick senken

2

- Arme langsam einatmend ausbreiten und über die Seiten nach oben führen
- Rücken und Nacken aufrichten
- Blick heben

3

- Handgelenke in der Atemfülle über dem Kopf kreuzen, die Handrücken Richtung Unterarm bewegen
- Knie nur noch ganz leicht gebeugt

4

- Arme langsam ausatmend wie Vogelschwingen über die Weite wieder nach unten in die Ausgangshaltung führen
- die Handgelenke bleiben dabei intensiv gedehnt

DHANURASANA

Der Bogen

Warum eigentlich »den Bogen spannen«?

Der Bogen ist eine Waffe – in der indischen Mythologie eine Waffe für Helden. Es braucht Kraft, ihn zu spannen, sowie Mut und Entschlossenheit, um das Ziel ins Visier zu nehmen und zu vernichten. Das klingt nicht gerade yogamäßig. Der wichtigste Aspekt des Asanas ist allerdings: Lass nicht nur deinen Kopf entscheiden, wen oder was du ins Visier nimmst. Gib der Weisheit deines Herzens Raum. Dann aber überwinde alle Angst und lass den Pfeil fliegen.

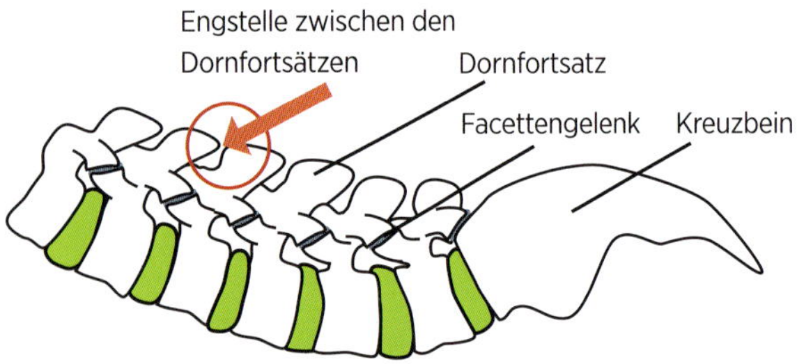

Die nahezu aufrecht stehenden Facettengelenke der Lendenwirbelsäule erleichtern das Vor- und Rückbeugen. In der starken Rückbeuge können die Dornfortsätze so eng zusammenkommen, dass sich Entzündungen entwickeln.

Wo kann eine KLEINE KATASTROPHE passieren ?

Voraussetzung für das Asana ist die freie Dehnbarkeit der gesamten Körpervorderseite. Falls Kniescheiben, Hüftgelenke, Leisten, Bauch, Herz, Brustraum, Schultern oder Nacken gerade nicht ganz gesund sind, verzichte auf das Asana.

Aber auch der Rücken, besonders der Übergang zwischen Brustwirbelsäule und Lendenwirbelsäule, kann gereizt reagieren. In dieser intensiven Rückbeuge geraten die vielen kleinen Gelenke an den Wirbelfortsätzen in ungewohnte Bewegung. Die großen Dornfortsätze kommen einander so nahe, sodass bei häufigem Üben Entzündungen auftreten können (siehe Abbildung links).

Rückbeugen wie der Bogen drücken nicht so stark auf die Bandscheiben wie Vorbeugen, denn die Dornfortsätze stoppen die Bewegung. Bei vorhandenen Bandscheibenproblemen gilt aber: »Bogenkampf verboten«.

WIE ES GANZ RÜCKENFREUNDLICH GEHT

Den Rücken stärken, denn kräftige Rückenmuskulatur macht diese Haltung erst möglich und schützt gleichzeitig die Wirbelsäule. Die vordere Brustmuskulatur dehnen, zum Beispiel mit der »Sonnenatmung« (1 und 2). Hüftbeugemuskeln und die Brustmuskulatur lassen sich mit diesen beiden Übungen dehnen: Virabhadrasana I (Held) – die Erfahrung von Weite im Herzen und körperlicher Stärke. Wie ein Bogenschütze kannst du dich in der abgebildeten Variante von Virabhadrasana II (Krieger) fühlen.

TIPP

Starke Rückenmuskeln schützen vor Verspannungen nach dem Yoga.

- großer Ausfallschritt
- Schultern nach hinten und unten ziehen, Arme weit, Handflächen weich zum Himmel geöffnet
- offener Blick nach vorn
- Weite im Herzen und viel Kraft in Beinen und Rücken spüren

- aus der Seitgrätsche den vorderen Fuß nach außen, den hinteren nach innen drehen
- vorderes Knie beugen, Arme ausstrecken
- Kopf drehen, mit dem Blick ein Ziel fixieren
- hintere Handinnenfläche zeigt zum Boden
- vordere Hand: Daumen hoch, Handkante unten, Finger gestreckt wie ein Pfeil des Bogenschützen

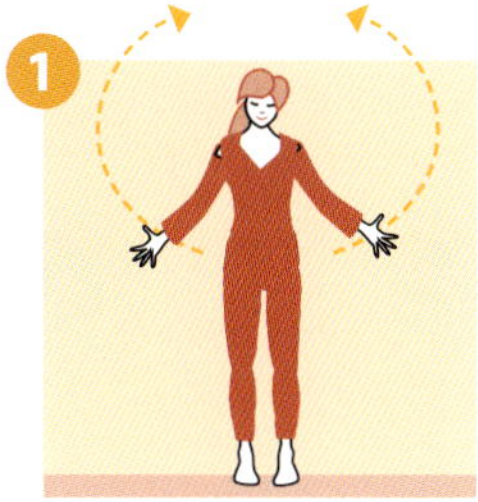

- Finger spreizen wie Sonnenstrahlen
- Schultern nach hinten und unten ziehen
- einatmend die Arme über die Weite in die Höhe führen
- die Hände berühren sich in der Atemfülle über dem Kopf

- ausatmend die Arme mit Sonnenhänden über die Weite in die Tiefe führen
- Schultern nach hinten und unten ziehen
- einige Atemzüge lang wiederholen
- dabei angenehme Weite um das Herz herum entstehen lassen

SUPTA KURMASANA

Die schlafende Schildkröte

Warum eigentlich »schlafen wie eine Schildkröte«?

Unsere fünf Sinne sagen uns, wie kalt oder warm es ist, riechen und schmecken unsere Nahrung, hören das Auto um die Ecke kommen und sehen Freund oder Feind in die Augen. All diese Informationen sichern unser Überleben. Warum also sollten wir sie ausblenden? Weil unser Gehirn auch mal Pause braucht. Das ist nämlich ständig mit dem Checken dieser unablässig auf uns einströmenden Reize beschäftigt.

Das Asana der Schlafenden Schildkröte schenkt uns die Möglichkeit, in einem geschützten Raum eine Zeitlang eine geistige Ruhepause einzulegen. Es ist auch äußerlich ein Rückzug nach innen, wie in ein Schneckenhaus. Durch den Schildkrötenpanzer sind wir geschützt. Nichts kann uns jetzt noch was anhaben, nichts muss bedacht, geprüft oder gelöst werden. Das Leben da draußen geht eine Weile ohne uns weiter.

In dieser Ruhe können wir unserer inneren Stimme Gehör schenken, das Wesentliche wahrnehmen und vielleicht sogar eine große Geborgenheit spüren.

In der indischen Mythologie kam der Gott Vishnu einst als Schildkröte zu den Menschen. Er gilt als der Bewahrer des Lebens. Legen wir uns doch einfach mal in seine große Hand und lassen alle fünfe gerade sein …

Wo kann eine KLEINE KATASTROPHE passieren?

Genau wie bei anderen Vorbeugen liegt das größte Risiko hier im unteren Rücken, in den Bandscheiben der Lendenwirbelsäule. Ausführliche Erklärungen dazu stehen auf S. 64 und 72.

Auch auf die Knie sollte man achtgeben, damit der Innenmeniskus nicht unter Druck gerät (wie bei Janu Shirshasana, siehe S. 86).

WIE ES GANZ KÖRPERFREUNDLICH GEHT

Für Supta Kurmasana heißt es vorbereitend: dehnen, dehnen, dehnen. Die Oberschenkelrückseiten und -innenseiten wieder und wieder dehnen, um ihre Elastizität über das normale Maß hinaus zu erhöhen. Am besten natürlich mit rückenschonenden Übungen (wie auf S. 65 und 87 gezeigt).
Den Rückzug nach innen kannst du auch üben, wenn du nicht auf der Matte liegst. Mitten im Alltag, wenn du auf den Zug wartest oder schon drin sitzt. Es gibt nichts zu tun, du wirst gerade nicht gebraucht – also lass das Leben einfach an dir vorbeifluten. Deine Sinne sind wach, aber halten nichts fest, du bist einfach nur da.
Hier weitere rückenfreundliche und alltagstaugliche Alternativen zur Schildkrötenübung:

TIPP

Das Zurückziehen der Sinne – Pratyahara – ist eine der Stufen auf dem achtstufigen Yogaweg: zu lernen, sich nicht ablenken zu lassen und die Sinne in Richtung Be-sinnung zu lenken.

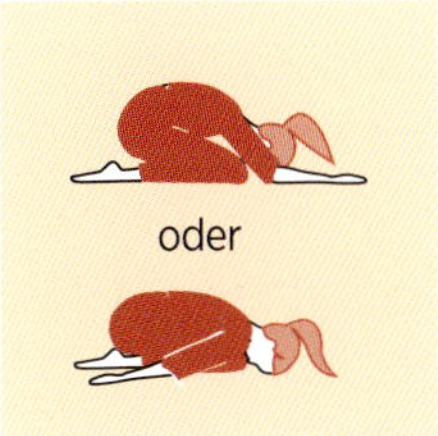

- finde eine bequeme Variante der Kindhaltung
- fühle dich geborgen wie ein Baby, frei von jeder Verantwortung
- sei wach und ruhig

- ganz bequeme Bauchlage, Stirn auf die Handrücken legen
- nimm bewusst alles wahr, was zu hören und zu spüren ist
- bleibe dabei neutraler Beobachter

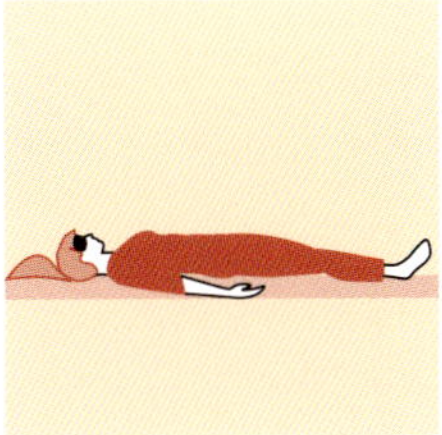

- ganz bequeme Rückenlage
- bedecke die Augen
- fühle dich wie ein zufriedenes hellwaches Kind, das nur so tut, als ob es schläft

- bequemer, ungestörter Sitzplatz
- Stirn auf dem Tisch auf die Hände legen
- nimm achtsam alle Geräusche wahr, aber bleibe vollkommen gelassen

JANU SHIRSHASANA

Die Kopf-zum-Knie-Haltung

Warum eigentlich den Kopf zum Knie bringen?

Janu Shirshasana ist eine Geste der Verbeugung und damit eine Geste der Demut. Wir verbeugen uns vor etwas, das größer ist als unsere Vorstellungskraft.

Das Asana symbolisiert: Lass das Denken, lass jeden Dünkel, jede Einbildung. Senke deinen Kopf, lass die Gedanken strömen und fließe gelassen im Strom des Lebens mit. Gib auf der gesamten Körperrückseite nach. Und beuge das Knie.

Wo kann eine KLEINE KATASTROPHE passieren?

In zwei Bereichen: im unteren Rücken (siehe S. 64 und 72) und im Knie, genauer am Innenmeniskus. Damit das gebeugte Knie keinen Schaden nimmt, sollte der Oberschenkel wirklich mit der Außenseite auf dem Boden liegen. Wer schafft schon solch eine starke Außenrotation im Hüftgelenk? Meistens wird das Knie verdreht und der Innenmeniskus zwischen den Gelenkflächen des Oberschenkels und des Schienbeins eingequetscht. Und so entsteht mit der Zeit auch ohne Fußball ein Meniskusriss …

Das rechte Knie von vorn

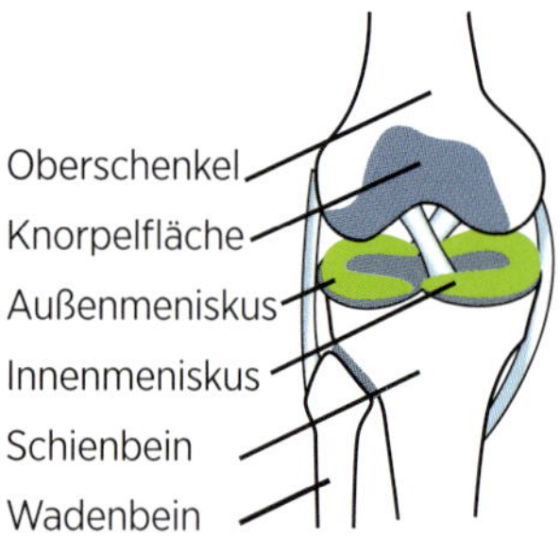

Die Menisken

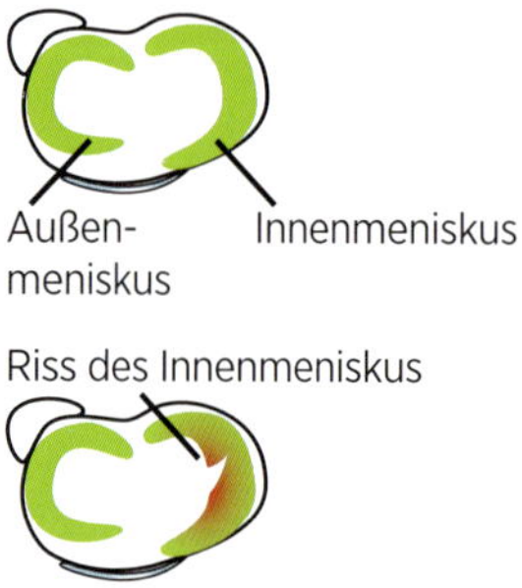

Das rechte Knie gebeugt in Janu Shirshasana

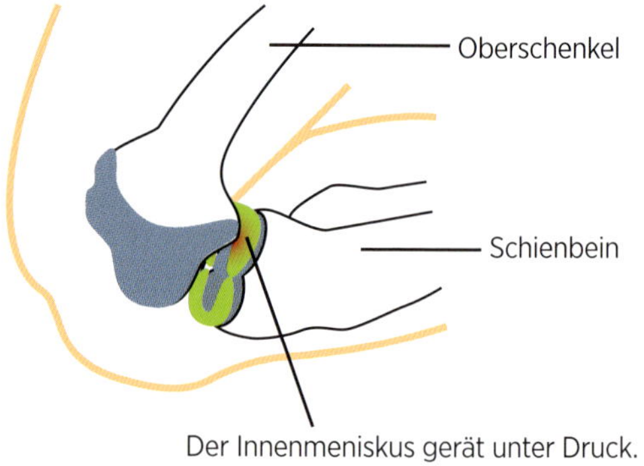

WIE DAS ÜBEN NACHHALTIG GUTTUT

Janu Shirshasana ist nur bei äußerst flexiblen Beinen und Hüftgelenken zu empfehlen. Mehr Flexibilität in den Hüften entsteht zum Beispiel durch ausdauerndes Üben der Winkelhaltung: Die offene Winkelhaltung kann im Sitz oder Stand ausgeführt werden, ganz rechts ist die rückenfreundliche Variante im Liegen (Supta Konasana 4) abgebildet.
In der geschlossenen Winkelhaltung (Baddha Konasana 1 bis 3) werden die Fußsohlen aneinandergelegt. Ob in der Anspannungsphase lieber ein- oder lieber ausgeatmet wird, findet man am besten selbst heraus.

Eine andere Kopf-zum-Knie-Position mit Verbeugung

1

SUPTA BADDHA KONASANA

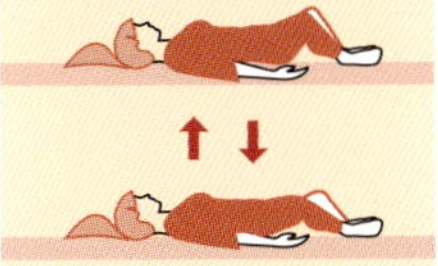

- Beine aufstellen, Fußsohlen aneinanderlegen, Knie so weit wie möglich nach außen sinken lassen
- ein- oder ausatmend die Dehnung verstärken, Knie stärker absenken
- aus- oder einatmend wieder entspannen

2

SETU BANDHA BADDHA KONASANA

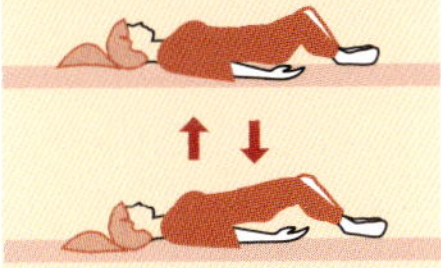

- Beine aufstellen, Fußsohlen aneinanderlegen, Knie so weit wie möglich nach außen sinken lassen
- ein- oder ausatmend das Becken in die Schulterbrücke heben
- aus- oder einatmend wieder ablegen

3

BADDHA KONASANA

- sehr aufrecht sitzen
- die Fußsohlen aneinanderlegen, die Hände umfassen die Zehen
- die gebeugten Knie so weit wie möglich nach außen sinken lassen
- Oberschenkel auf- und abfedern wie Schmetterlingsflügel

4

SUPTA KONASANA

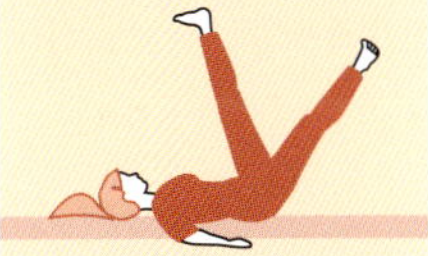

- in weiter Grätsche die Innenseiten der Oberschenkel entspannen und intensiv dehnen
- die Fersen dabei nach oben dehnen bzw. die Zehen heranziehen und so auch die Rückseiten der Oberschenkel dehnen

PADMASANA

Der Lotossitz

Warum eigentlich »im Lotos sitzen«?

Es ist ein superstabiler Meditationssitz ohne jedes Hilfsmittel. Man sitzt wie auf einer liegenden Acht und wächst geradewegs zum Himmel hinauf wie eine Lotospflanze im Wasser – allerdings funktioniert das nur für Gummi-Menschen. Du brauchst unnormal flexible Hüftgelenke, um das hinzukriegen. Und am besten noch krumme Schienbeine. Sonst kommen die Knie in eine böse Verdrehung und auch der Rücken ist nicht entspannt.

Aufrechter Sitz
Das Becken ist aufgerichtet, die Lendenwirbelsäule in ihrem natürlichen Schwung.

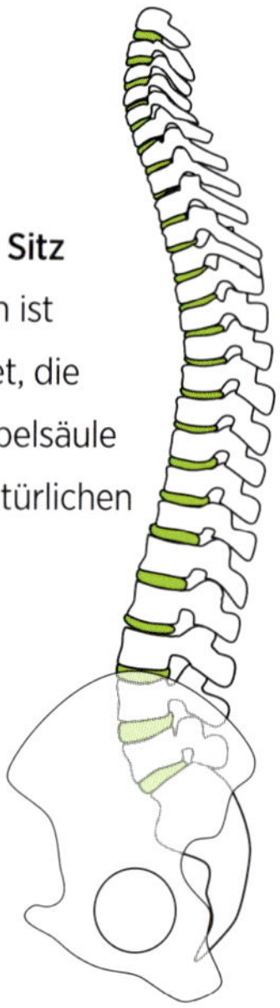

Ungesunder Sitz
Das Becken ist nach hinten gekippt, die Lendenwirbelsäule unnatürlich gerade, was auf die Dauer die Bandscheiben schädigt.

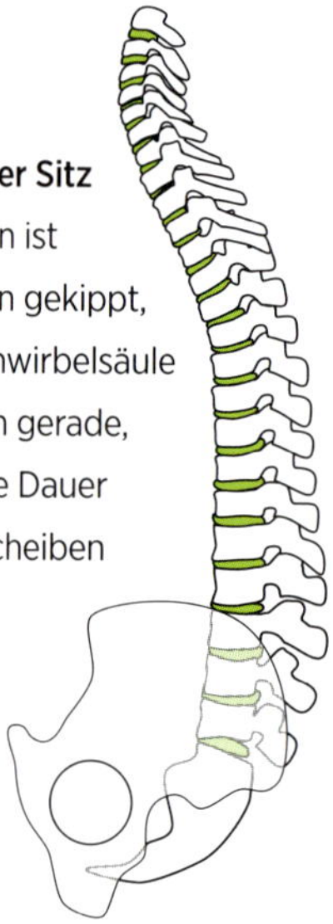

Wo kann eine KLEINE KATASTROPHE passieren?

Im Knie, das eigentlich ein Scharniergelenk ist. Bei jeder Verdrehung unter Druck bekommen die »Knie-Bandscheiben« etwas ab, in diesem Fall der Innenmeniskus (siehe S. 86). Die Knie haben schon im Alltag genug auszuhalten – da sollen sie beim Yoga nicht auch noch leiden.

Ebenso der Rücken. Welches von den Models in den Yogaheften sitzt wohl wirklich mit aufrechtem Rücken im Lotossitz? (Meist bekommt man den Rücken auf den Fotos gar nicht zu sehen.) Die Sitzhaltungen sollen aber lange gehalten werden für Meditation oder Atemübungen. Auf die Dauer wird da jeder Rücken sauer …

WIE ES GANZ KÖRPERFREUNDLICH GEHT

Für den Lotossitz wäre es am besten, wenn wir unsere Kindheit und Jugend im Schneidersitz auf dem Boden verbracht hätten – und nicht auf Stühlen in der Schule. Dann wäre es weniger mühevoll für uns, im Lotossitz zu verweilen. Denn dann hätten sich die Bänder um die Hüftgelenke von Anfang an anders ausgebildet und eine große Außenrotation wäre überhaupt kein Problem.

Aber es muss ja nicht Padmasana sein. Es geht schließlich einfach um einen Sitz, der die Meditation bestmöglich unterstützt. Ein Sitz, in dem die Wirbelsäule lange aufrecht bleiben kann und die Knie entspannt unterhalb der Hüftgelenke ruhen. Also spricht nichts gegen eine Unterstützung durch Yogakissen oder Meditationsbänkchen.

Wenn du wirklich den Lotossitz anstrebst, aber nicht schon von Kindheit an im Ballettunterricht Spagat in alle Richtungen gelernt hast, dann hilft nur dehnen, dehnen, dehnen – jahrelang. Aber bitte rückenschonend, zum Beispiel in der Rückenlage wie auf S. 65 und 87 vorgeschlagen.

Und während der 100 Jahre, die du brauchst, um deine Beine in Kautschuk zu verwandeln, darfst du trotzdem schon mal meditieren, nämlich in 100 anderen geraden Sitzpositionen – auf Kissen, Decken, Bänkchen, Hockern, auf den vorderen Kanten von Stühlen und Hörsaalbänken oder in Strandkörben ...

Viel Freude beim Yoga – dein Leben lang!

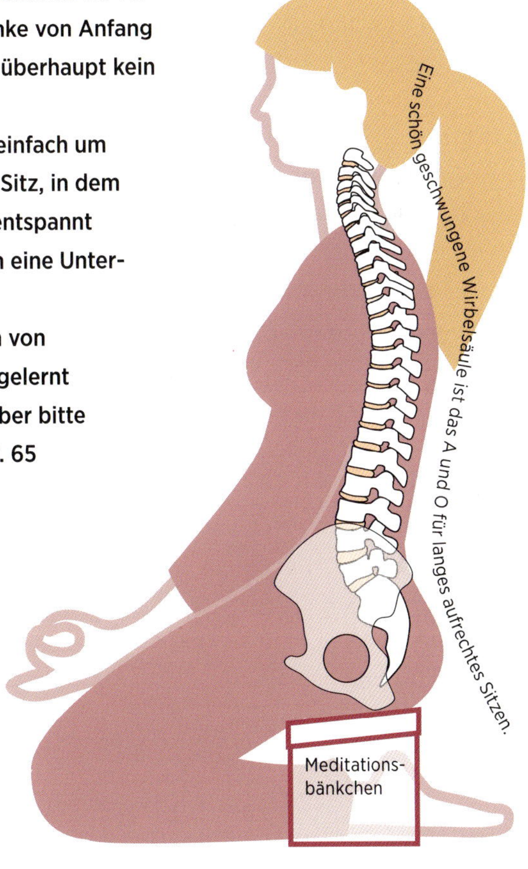

BUCHTIPPS

Dr. med. Ellen Fischer
Endlich frei von Nackenschmerzen
Gräfe und Unzer Verlag, München 2007
Klein, aber fein: Dieses Büchlein enthält wenige, aber sehr wirksame Übungen und praktische Tipps für den Alltag, die auf den ersten Blick verblüffend einfach erscheinen. Wenn man sie jedoch zur täglichen Routine werden lässt, können Probleme wirklich verschwinden. Was mir an dem Buch so gut gefällt, sind die plausiblen Erklärungen für die Ursachen von Verspannungen oder Schmerzen, unterstützt durch sehr klare Abbildungen. Besonders die anatomisch recht komplizierte Region von Nacken und Schultern, die ich im KATA-YOGA-Buch nicht dargestellt habe, ist dort vereinfacht und gut verständlich abgebildet. Die Entspannungshaltungen, die Ellen Fischer vorschlägt, gerade auch für überbeanspruchte Schulterpartien, sind wunderbar und ganz einfach umzusetzen.

Leslie Kaminoff / Amy Matthews
Yoga-Anatomie. Ihr Begleiter durch die Asanas, Bewegungen und Atemtechniken
Riva Verlag, München 2008
Die wissenschaftlichen Illustrationen von Sharon Ellis sind einfach umwerfend. Wenn man wissen will, welche Muskeln in welcher Yogahaltung extrem in die Länge gezogen oder besonders beansprucht werden, dann sollte man sich diese Zeichnungen ansehen. Die Perspektiven der Abbildungen sind so gewählt, dass immer genau das Wesentliche sichtbar wird.
Die Texte bieten sehr viele wichtige Informationen zur Physiologie in diversen Yogahaltungen.
Ein Buch für Yoga- und Anatomie-Begeisterte.

Dr. med. Christian Larsen / Christiane Wolff / Eva Hager-Forstenlechner
Medical Yoga. Anatomisch richtig üben
TRIAS Verlag, Stuttgart 2012
Auch hier sind es vor allem die Zeichnungen von Ingrid Schobel zur Anatomie der Yogahaltungen, die das Buch besonders interessant machen. Viele von uns haben ja eigentlich keine Ahnung, welche Muskeln wo angewachsen sind oder wie die einzelnen Gelenke funktionieren. Wenn man Yoga übt, ist es aber nicht verkehrt, mal einen Blick auf die Konstruktion des menschlichen Körpers zu werfen. Und sich mit Anatomie und Physiologie vertraut zu machen, bevor man sich in ungewohnte Haltungen hineinbiegt. Die Übungsanleitungen in diesem Buch sind vor allem für gesunde und sportliche Leute gedacht. Wer sich seiner Unversehrtheit nicht so ganz sicher ist, sollte vorsichtig sein und nicht alles nachmachen, was vorgeschlagen wird.

Dr. med. Peter Poeckh
Gesund durch Yoga. Praktische Übungen aus der Yogatherapie
Via Nova Verlag, Petersberg 2014
Praktische Übungen aus der Yogatherapie – so lautet der Untertitel, und genau das bietet dieses schöne Buch mit sehr anschaulichen Fotos. Anhand von Fallbeispielen aus seiner Praxis als Yogatherapeut hat Peter Poeckh acht Übungsprogramme für die Heilung der jeweiligen Beschwerden zusammengestellt. Die Übungen erscheinen einfach, haben es aber in sich. Wenn sie regelmäßig geübt werden, sind sie für den jeweiligen Problembereich wirklich heilsam. Und das Üben präventiv anzuwenden, ist natürlich genauso sinnvoll.

Anna Trökes / Dr. med. Detlef Grunert
Das Yoga-Gesundheitsbuch. Mit Yoga und Ayurveda gezielt Beschwerden heilen
Nikol Verlagsgesellschaft, Hamburg 2015 (Sonderausgabe)
An diesem Buch ist das Besondere, dass die ausführlich beschriebenen Yoga-Übungen hinsichtlich ihrer Wirkung aus ayurvedischer Sicht beleuchtet werden. Es bietet kleine Übungsprogramme an, die speziell auf bestimmte Beschwerden oder Erkrankungen abgestimmt sind. Täglich oder zumindest 5-mal in der Woche 20 Minuten üben – das wirkt auf die Dauer besser als so manche Medizin.

Anna Trökes / Dr. med. Ronald Steiner
Yoga für Fortgeschrittene
Gräfe und Unzer Verlag, München 2012
Auch wenn die perfekt ausgeführten Haltungen auf den sehr ästhetischen Fotos vielleicht nicht viel mit dem zu tun haben, was man selbst derzeit auf der Matte hinbekommt, so ist das Buch auch für Normalmenschen (im Yoga gerne »Anfänger« genannt) sehr zu empfehlen. Denn zu jeder Übung gibt es einen Ausflug in die indische Mythologie und die Symbolik der jeweiligen Haltung sowie Gedanken zu den Erfahrungen, die das Asana für den Übenden bereithalten kann. Und immer eine erstklassige, sehr anschauliche anatomische Darstellung von Stefan Winkler, die einen ausgewählten Körperbereich zeigt, der bei dieser Übung besondere Beachtung verdient. Ein Buch, das breitgefächertes Wissen und lebensnahe Anleitungen aus dem reichen Erfahrungsschatz seiner Autoren freigiebig weiterschenkt an jeden, der sich ernsthaft mit Yoga beschäftigen möchte. Ein Muss für alle Yogalehrenden.

Anna Trökes

Das große Yoga-Buch

Gräfe und Unzer Verlag, München 2010

Dieses Buch kann ich nur jedem ans Herz legen, der Yoga mit Herz und Verstand üben möchte. Sowohl die Grundlagen der Yoga-Philosophie finden hier Platz als auch unzählige hilfreiche Hinweise für das Ausführen aller wichtigen Asanas. Zu jeder Übung gehört ein Abschnitt zum Thema »Wann ist Vorsicht geboten« und bei schwierigeren Haltungen – wie dem Kopfstand – gibt es eine ausführliche schrittweise Hinführung. Anna Trökes bietet außerdem Alternativen für die verschiedenen Atemtypen an – das findet man in Yoga-Büchern auch nicht so oft. (Den Pflug sucht man hier übrigens vergebens …)

Anna Trökes

Yoga für den Rücken (mit DVD)

Gräfe und Unzer Verlag, München 2015

Übungen, die jedem nur guttun! Unser Rücken hat Zuwendung verdient – und hier finden sich wunderbare Anleitungen für Kräftigung, Dehnung und Entspannung. Die Übungen sind sorgfältig und ausführlich beschrieben. Die Illustratorin Nike Schenkl hat sie in schwungvollen kleinen Figuren für die Übungsprogramme aufs Papier gebracht, so dass man sein Programm auf einen Blick vor sich hat. Und wer vor dem Bildschirm üben mag, legt sich zu passender Stunde die DVD ein und los geht's!

INHALT

DANKE

an alle, die mich auf dem Yoga-Weg begleitet haben. Danke an alle, bei denen ich gelernt und mit denen ich geübt habe. Danke an alle, die zum Entstehen dieses Buches beigetragen haben.

EVA HAAK

wurde 1959 geboren, ist seit über zwölf Jahren Yogalehrerin und arbeitet als Grafikerin. Sie hat an der Kunsthochschule Berlin-Weißensee Angewandte Grafik studiert und war u.a. Aerobictrainerin und Greenpeace-Aktivistin. Seit 1993 lebt sie mit ihrer Familie im Spessart. Ihre beiden Töchter wohnen inzwischen in Hamburg und Berlin und lieben Yoga genau wie sie.
Mehr auf eva-haak.de

Illustration, Text und Gestaltung: Eva Haak
Druck und Bindung: GRAFICHE AZ, Verona
ISBN 978-3-95614-102-7